T0087102

Spielsachen

Toys
Jouets

44 leichte Originalwerke für Klavier
44 Easy Original Piano Pieces
44 Morceaux originaux faciles pour piano

Herausgegeben von / Edited by / Edité par
Monika Twelsiek

ED 9055
ISMN 979-001-19386-3

Cover:
August Macke
„Walterchens Spielsachen"
Sprengel Museum Hannover

www.schott-music.com

Mainz · London · Berlin · Madrid · New York · Paris · Prague · Tokyo · Toronto
© 2014 SCHOTT MUSIC GmbH & Co. KG, Mainz · Printed in Germany

Inhalt / Contents / Contenu

Vorwort für Kinder

Liebe Klavierspielerin, lieber Klavierspieler,

liebst Du auch Deine Puppen und Plüschtiere? Wir stellen uns vor, dass sie fühlen und denken wie richtige Menschen, und manchmal sind sie unsere treusten Freunde. Wir nehmen sie zum Einschlafen mit ins Bett und sie dürfen mit auf Reisen. Manchmal werden sie krank und müssen getröstet werden, oft werden sie gestreichelt, manchmal sind wir aber auch wütend auf sie.
Komponisten aller Zeiten haben Spielzeug und Kinderspiele musikalisch beschrieben. Sie malen musikalische Bilder von Puppen, Teddybären, Hampelmännern und Schaukelpferden. Manche wollten ihren Kindern eine Freude machen, andere haben sich an ihre eigene Kinderzeit erinnert.
Wenn man alle Spielzeuge in diesem Heft in ein Zimmer packen würde, wäre es reich gefüllt. Beim Klavierspielen entsteht dieses Kinderzimmer in der Fantasie.
Viel Freude mit dem Heft wünscht

Monika Twelsiek

Vorwort für Erwachsene

„Der Mensch spielt nur, wo er in voller Bedeutung des Worts Mensch ist, und er ist nur da ganz Mensch, wo er spielt." Schillers berühmtes Zitat aus dem 15. Brief der „Ästhetischen Erziehung des Menschen" meint „Spiel" in einem umfassenden Sinn: als Versöhnung von Körper und Geist, von Ich und Welt. „Spiel", das bedeutet: Formen und Regeln schaffen, Rollen verkörpern, Träume ausleben, Wirklichkeit individuell neu erfinden. In diesem Sinne ist jede Kunst ein Spiel und jedes Spiel eine Kunst.
Gegenstände, „Spielzeuge", werden durch die Fantasie belebt und gewinnen magische Bedeutung. Komponisten machen das kindliche Spiel und seine Gegenstände zu ihrem Thema. Viele von ihnen waren Eltern und leidenschaftliche Pädagogen. Sie schrieben Kinderstücke, die ihren Meisterwerken ebenbürtig waren.
Schon Johann Sebastian Bach formulierte für seine Inventionen und Sinfonien pädagogische Ziele. Die „Liebhaber" und „Lehrbegierigen", an die er sich richtet, waren zunächst seine eigenen Söhne. 1720 legt er für den zehnjährigen Wilhelm Friedemann ein „Klavierbüchlein" an. Leopold Mozart unterrichtet beide Kinder und schreibt für Wolfgang und für Nannerl je ein Notenbuch. Anlass für Robert Schumanns „Album für die Jugend" ist der Geburtstag seiner Tochter Marie. Von Claude Debussy schließlich stammt die schönste Widmung an seine Tochter. Seinen Klavierzyklus „Children's Corner" eröffnet er mit den Worten: „Für meine liebe kleine Chouchou, mit den zärtlichsten Entschuldigungen ihres Vaters für das, was folgen wird…".
Ob Tschaikowskys „Jugendalbum", Bartóks „Für Kinder" oder Prokofieffs „Musiques d'enfants", ob Casellas „Pezzi infantili", Schostakowitschs „Erlebnisse eines Tages" oder Chick Coreas „Children's Songs", Klavierstücke für Kinder und Jugendliche, die die Fantasie anregen und Lust zum Spielen machen, gibt es in unerschöpflicher Fülle.
Eine kleine Auswahl von Stücken leichter Spielbarkeit enthält – in progressiver Anordnung – dieses Heft. Neben Werken berühmter Komponisten (Robert Schumann, César Franck, Peter Tschaikowsky, Claude Debussy, Béla Bartók, Aram Chatschaturjan, Dmitri Schostakowitsch) finden sich Entdeckungen: neu komponierte Werke von Barbara Heller, Daniel Kemminer, Gunter Kretschmer, Friedrich Radermacher und Peter Wittrich, beliebte Kinderstücke von Humbert, Gurlitt, Gretchaninoff, unbekannte kleine Meisterwerke von Flor Peeters oder René Defossez. Sie alle haben Kinderspiel und Spielzeug zum Thema.
Die Erinnerung an die eigene Kindheit lässt Augenblicke plastisch aufleuchten. Einzelne Bilder, Personen, Landschaften tauchen mit den Spielzeugen auf und lösen Gefühle aus. Auch Erwachsene können an der Darstellung dieser musikalischen Spielzeug-Sammlung ihre Freude haben.

Monika Twelsiek

Preface for children

Dear pianists,

Do you love your dolls and soft toys too? We can imagine them feeling and thinking like real people; sometimes they are our most faithful friends. We take them to bed with us to help us sleep and carry them along when we travel. Sometimes they fall ill and need comforting; we often cuddle them, but sometimes we get cross with them, too.
Composers over the ages have written music about toys and children's games, painting musical pictures of dolls, teddy bears, jumping jacks and rocking horses. Some have written music for their own children, while others have remembered their own childhood days.
If all the toys in this book were collected in one room, it would be packed full. When you play the piano, just imagine that playroom!
Have fun with this book,

Monika Twelsiek

Preface for grown-ups

'Human beings only play when they feel human in the full sense of the word, and are only properly human when at play.' Schiller's famous saying from his fifteenth letter on the 'Aesthetic Education of Man' uses 'play' in a very broad sense as something that brings together body and spirit, self and environment. 'Play' means creating forms and rules, taking on roles, acting out dreams and inventing one's own reality. In this sense every kind of art is play and every kind of play is art.
Objects and 'playthings' are given life by the imagination, acquiring magical powers. Many composers have taken up the theme of children's games and toys. Many of them have been parents with a passionate interest in education, writing pieces for children that rank alongside their greatest works.
Johann Sebastian Bach himself devised educational goals for his Inventions and Sinfonias, and the 'music lovers' and 'enthusiasts' he had in mind were first and foremost his own sons: in 1720 he put together a 'little keyboard book' for his ten year-old son Wilhelm Friedemann. Leopold Mozart taught both his own children and wrote a book each for Wolfgang and for Nannerl. Robert Schumann's 'Album for the Young' was written as a birthday present for his daughter Marie. Claude Debussy wrote a lovely dedication to his daughter at the beginning of 'Children's Corner', the set of piano pieces opening with the words: 'for my darling Chouchou, with her father's tender apologies for what is to follow…'
Tchaikovsky's 'Album for the young', Bartók's 'For Children' or Prokoviev's 'Music for Children', Casella's 'Pezzi infantili', Shostakovich's 'What happened one day' or Chick Corea's 'Children's Songs' all offer a wealth of piano pieces that will stimulate the imagination and encourage children and young people to play.
This book contains a little selection of easy pieces, ordered with the simplest pieces first. Besides pieces by famous composers (Robert Schumann, César Franck, Peter Tchaikovsky, Claude Debussy, Béla Bartók, Aram Khachaturian, Dmitri Shostakovich) there are fresh discoveries, too: newly composed pieces by Barbara Heller, Daniel Kemminer, Gunter Kretschmer, Friedrich Radermacher and Peter Wittrich, popular children's pieces by Humbert, Gurlitt, Gretchaninoff, unfamiliar little masterpieces by Flor Peeters or René Defossez. All these pieces have games and toys as their theme.
Remembering our own childhood conjures up vivid moments, as toys are associated with images, people, landscapes and emotions. Grown-ups may well enjoy this collection of musical playthings, too.

Monika Twelsiek
Translation Julia Rushworth

Préface pour les enfants

Cher/chère pianiste,

Aimes-tu tes animaux en peluche ou tes poupées, ces êtres qui pensent et sentent comme nous, et sont souvent nos amis les plus chers ? Nous nous endormons avec eux, et ils nous accompagnent quand nous partons en voyage. Parfois ils tombent malade et il faut les consoler, souvent nous leur donnons notre affection, mais il arrive aussi qu'ils nous mettent en colère.

De tout temps, les compositeurs ont pris comme sujet des jouets et créé des portraits musicaux de poupées, nounours, pantins et chevaux de bois. Certains souhaitaient ainsi faire plaisir à leurs enfants, d'autres simplement se souvenir de leur jeunes années.

Si l'on mettait dans une chambre tous les jouets qui figurent dans ce cahier, elle serait bien remplie ! Cette chambre, elle naîtra dans notre imagination lorsque nous jouerons les morceaux.

Alors jouons et amusons-nous avec tous ces jouets musicaux !

Monika Twelsiek

Préface pour les adultes

« L'homme ne joue que lorsqu'il est homme au plein sens du mot, et il n'est pleinement homme que lorsqu'il joue ». Dans cette célèbre citation de la quinzième des *Lettres sur l'éducation esthétique de l'homme* de Schiller, il faut prendre le jeu dans le sens élargi d'une réconciliation du corps avec l'esprit, du moi avec le monde. « Jouer » signifie créer des formes et des règles, incarner des personnages, vivre des rêves, réinventez la réalité avec sa propre imagination. Dans cette optique, chaque art est un jeu, et chaque jeu un art.

Grâce à l'imagination, les objets que sont les jouets prennent vie et acquièrent une signification magique. Les compositeurs se sont volontiers emparés de ce sujet – le jeu, l'enfance, les jouets. Nombre d'entre eux étaient des parents et des pédagogues passionnés, et ils ont écrit des morceaux pour la jeunesse d'une qualité égale à leurs chefs-d'œuvre.

Jean-Sébastien Bach, déjà, avait défini un but pédagogique pour ses inventions et ses sinfonias. Les « amateurs » et « apprentis » du clavier auxquels il s'adresse sont tout d'abord ses propres enfants. En 1720, il commence à constituer pour son fils Wilhelm Friedemann, âgé de dix ans, un recueil de pièces pour clavier, le *Klavierbüchlein*. Léopold Mozart donne des leçons à ses deux enfants Wolfgang et Nannerl, et écrit pour chacun d'eux un *Notenbuch* (« livre de musique »). C'est à l'occasion de l'anniversaire de sa fille Marie que Schumann donne naissance à son Album pour la jeunesse. Et Claude Debussy lui emboîte le pas avec son *Children's Corner*, mettant en tête du recueil, à l'adresse de sa fille, la plus belle dédicace qui soit : « À ma très chère Chouchou… avec les tendres excuses de son père pour ce qui va suivre ».

L'*Album pour enfants* de Tchaïkovski, *Pour les enfants* de Bartók, *Musiques d'enfants* de Prokofiev, les *Pezzi infantili* de Casella, les *Événements d'un jour* de Chostakovitch, les *Children's Songs* de Chick Corea… innombrables sont les recueils à l'intention du jeune public, qui éveillent l'imagination des enfants et leur donne envie de jouer.

Ce cahier renferme une petite sélection de morceaux de difficulté croissante. À côté de pages de compositeurs célèbres (Robert Schumann, César Franck, Peter Tchaïkovski, Claude Debussy, Béla Bartók, Aram Khatchatourian, Dmitri Chostakovitch), on pourra faire des découvertes avec des morceaux nouveaux de Barbara Heller, Daniel Kemminer, Gunter Kretschmer, Friedrich Radermacher et Peter Wittrich, des classiques pour enfants de Georges Frank Humbert, Cornelius Gurlitt, Alexandre Gretchaninov, ainsi que des petits chefs-d'œuvre méconnus de Flor Peeters et René Defossez. Toutes ces pages ont pour sujet les jeux d'enfants et les jouets.

Les souvenirs que l'on a de sa propre enfance donnent à ces moments musicaux une lumière particulière, l'évocation des jouets faisant renaître des images, des personnes, des paysages, et éveillant des sentiments profondément enfouis. Ainsi les adultes peuvent-ils eux aussi trouver du plaisir à découvrir cette collection de jouets musicaux.

Monika Twelsiek
Traduction : Daniel Fesquet

Die Spieldose

The Musical Box / La boîte à musique

Georges Frank Humbert
(1892–1958)

aus / from / de: G. F. Humbert: Allerlei Spielzeug / All Kinds of Toys / Toutes sortes de jouets, Schott ED 2605

Das Purzelmännchen

The Somersault Man / Le petit homme de la culbute

Georges Frank Humbert

aus / from / de: G. F. Humbert: Allerlei Spielzeug /
All Kinds of Toys / Toutes sortes de jouets, Schott ED 2605

55 717

Die Schwarzwälder Puppe

The Black-Forest Doll / La poupée de la Fôret-Noire

Georges Frank Humbert

Moderato

aus / from / de: G. F. Humbert: Allerlei Spielzeug / All Kinds of Toys / Toutes sortes de jouets, Schott ED 2605

Kasperle

Mr. Punch / Guignol

Gunter Kretschmer
(*1935)

Frech / Cheekily

aus / from / de: G. Kretschmer: Auf dem Spielplatz /
In the Playground / Sur le terrain de jeu, Schott ED 20 648   55 717

Mein Traktor

My Tractor / Mon tracteur

Gunter Kretschmer

aus / from / de: G. Kretschmer: Auf dem Spielplatz / In the Playground / Sur le terrain de jeu, Schott ED 20 648

Das zerbrochene Püppchen

The Broken Doll / La poupée cassée

Georges Frank Humbert

aus / from / de: G. F. Humbert Allerlei Spielzeug / All Kinds of Toys / Toutes sortes de jouets, Schott ED 2605

Der kranke Teddy

The Ill Teddy Bear / Nounours est malade

Gunter Kretschmer

Traurig / Sadly

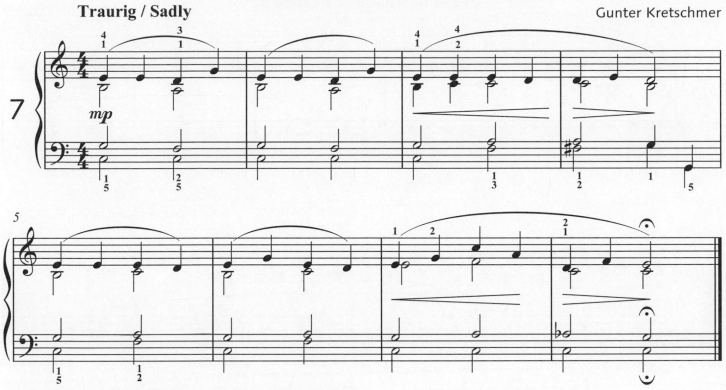

aus / from / de: G. Kretschmer: Auf dem Spielplatz / In the Playground / Sur le terrain de jeu, Schott ED 20 648

Beim Puppendoktor

At the Doll Doctor / Chez le docteur des poupées

Max und Paul Heller
(1867–1936/1951)

Ziemlich langsam

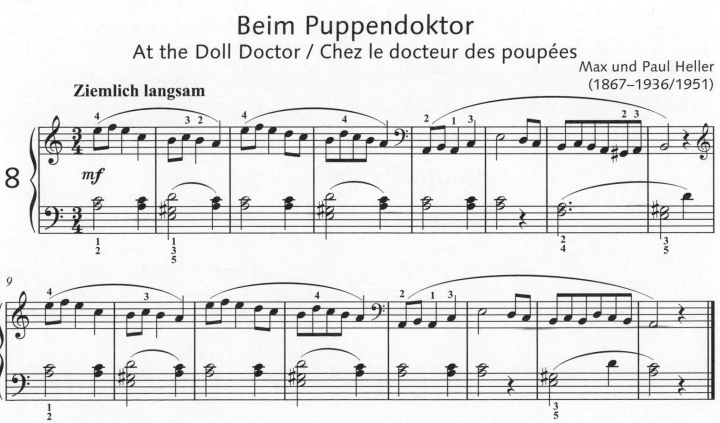

aus / from / de: M. und P. Heller: Erholungen am Klavier / Recreations at the piano /
Délassement sur le piano, op. 56

55 717

Kleine Spielerei

A Little Pastime / Petit jeu

Cornelius Gurlitt
(1820–1901)

aus / from / de: C. Gurlitt: Kindergarten / Jardin d'enfants op. 179

Puppenschlafliedchen

Doll's Lullaby / Berceuse de la poupée

Robert Schumann
(1810–1856)

aus / from / de: R. Schumann: Album für die Jugend / Album for the youth /
Album pour la jeunesse op. 68, Schott ED 9010

Das Holzpferdchen

The Little Wooden Horse / Le petit cheval en bois

Georges Frank Humbert
(1892–1958)

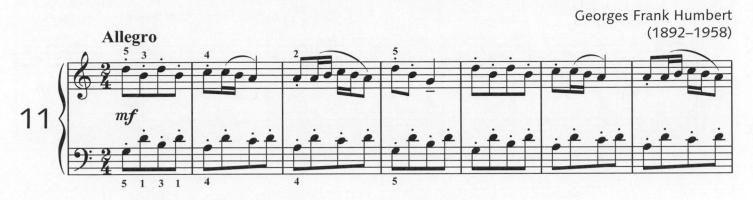

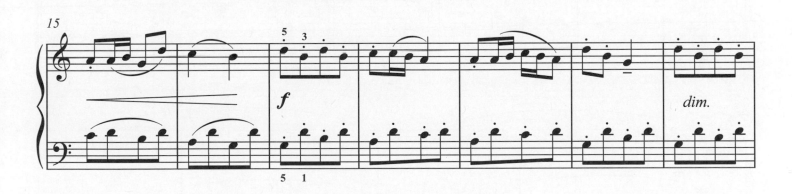

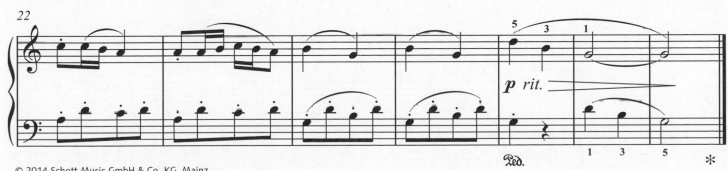

aus / from / de: G. F. Humbert: Allerlei Spielzeug /
All Kinds of Toys / Toutes sortes de jouets, Schott ED 2605

Das Schaukelpferd

The Rocking Horse / Le cheval à bascule

Cornelius Gurlitt

Spieldose

Musical Box / La boîte à musique

Petr Eben
(1929–2007)

aus / from / de: P. Eben: Die Welt der Kleinen /
The World of Children / Le monde des enfants

55 717

Der Puppe Klagelied

Dolly's Complaint / Les plaintes d'une poupée

César Franck
(1822–1890)

aus / from / de: C. Franck: 18 kurze Stücke /
18 Short Pieces / 18 petites pièces

55 717

Die Tanzpuppen im Schaufenster

The Dancing Dolls in the Window / Les poupées dansantes en vitrine

Lebhaft, aber gleichmäßig ♩. = 56

Die Puppe in Seide / The doll in silks

David Dushkin
(1898–1986)

Die Puppe in Samt / The doll in satins

aus / from / de: D. Dushkin: Piano Stories, Schott ED 1289

55 717

Teddy-Bär hat Kopfweh

Teddy Bear's Headache / Nounours a mal à tête

Cyrill Scott
(1879–1970)

16

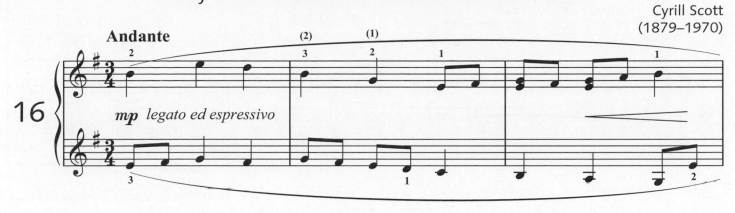

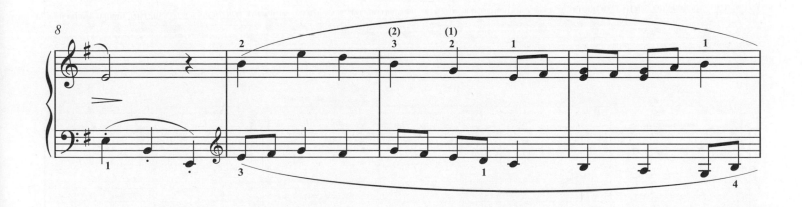

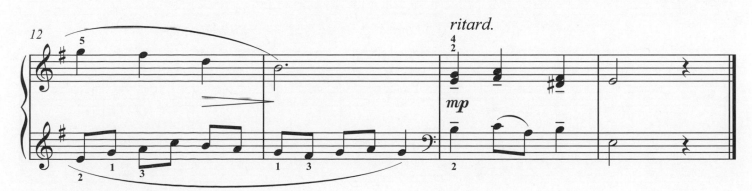

aus / from / de: C. Scott: Die Spielkiste /
The Toy Box / La caisse à jouets, Schott ED 2334

55 717

Pferdchen reiten
Riding / À cheval

Flor Peeters
(1903–1986)

Allegro moderato

17

aus / from / de: F. Peeters: Skizzen aus der Kinderzeit /
Sketches from childhood /
Esquisses de l'age d'or, Schott ED 8774

55 717

Steckenpferdchen hopp-hopp-hopp

Riding the Hobby-Horse / Hop, hop, hop Dada

Alexander Gretchaninoff
(1864–1956)

aus / from / de: A. Gretchaninoff: Das Kinderbuch /
Children's Book / Livre d'enfants op. 98, Schott ED 1100

55 717

Auf dem Spielplatz

On the Playground / Sur le terrain de jeu

Heinrich Lichner
(1829–1898)

aus / from / de: H. Lichner: Kleine Blumen, kleine Blätter /
Little Leaves and Little Flowers /
Folioles et fleurettes op. 64, Schott ED 1679

55 717

Der Purzelbaumkönig

The Somersault King / Le roi des galipettes

Mike Schoenmehl
(*1957)

D. C. al ⊕ - ⊕

aus / from / de: Little Stories in Jazz, Schott ED 7186
*) Linke Hand dazu ad lib. / Left hand ad lib.

Auf der Schaukel

On the Swing / Sur la balançoire

Alexander Gretchaninoff

Moderato e tranquillo

21

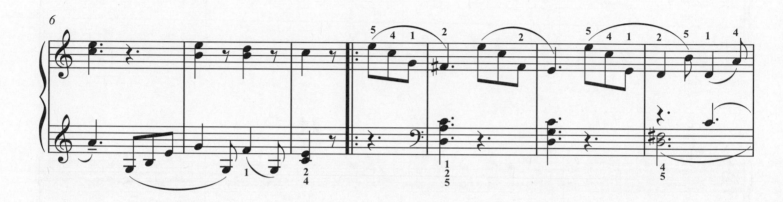

aus / from / de: A. Gretchaninoff: Das Großvaterbuch /
Grandfather's Book / Album du grand-père op. 119,   55 717
Schott ED 1467

Seilspringen
Skipping / Saut à la corde

Aram Chatschaturian
(1903–1978)

aus / from / de: A. Khatschaturian: Kinderalbum /
Children's Album / Album d'enfants   55 717

Die aufgezogene Puppe

The Wound-Up Doll / La poupée mécanique

Dimitri Schostakowitsch
(1906–1975)

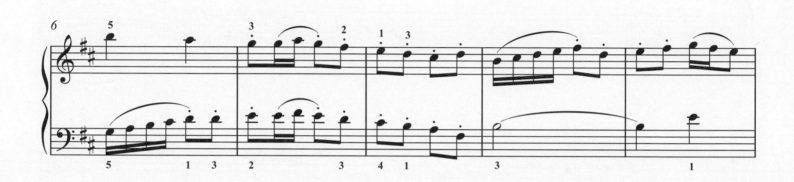

© Mit freundlicher Genehmigung MUSIKVERLAG HANS SIKORSKI GmbH & Co. KG, Hamburg
aus / from / de: D. Schostakowitsch: Sechs Kinderstücke /
Six Children's Pieces / Petits contes op. 69   55 717

Clown und Teddybär

Clown and Teddy Bear / Le clown et le nounours

Max und Paul Heller

aus / from / de: M und P. Heller: Im Spielwarenladen /
At the Toy Shop / Dans le magasin de jouets op. 80

55 717

Der Bär / The Bear

Der Clown / The Clown

poco rit.   a tempo

rall.

Der Bär / The Bear

55 717

Ritter-Puzzle
Puzzle of Knight / Puzzle de chevalier

Peter Wittrich
(*1959)

25

Der Ritter in seiner schweren Rüstung /
The knight in his heavy suite of armour
Behäbig / Ponderous

Er pfeift ein leises melancholisches Lied /
He softly whistles a melancholy tune
Luftig leicht / Light

Eine Begleitung dazu /
Plus accompaniment

Mehrstimmig klingt es noch viel schöner! /
Play in harmony sounds even much better!

Der Ritter reitet auf seinem Rappen /
The knight rides his black horse
In leichtem Galopp / In a gentle gallop

Er reitet noch länger /
He rides on a while longer

Ross und Reiter kommen zum Stehen /
Horse and rider come to a stop

Königliche Fanfaren begrüßen den Ritter! /
Royal fanfares welcome the knight

Der Ritter stellt sich vor / The knight introduces himself
Sein Name... /   seine Herkunft... /   und seine adlige Abstammung! /
His name...   his origin...   and his noble descent!

Die Königstochter ist entzückt den Ritter zu sehen! /
The King's daughter is delighted to see the knight!

Lieblich und anmutig / Sweet and graceful

Zusammen beginnen sie einen (Hochzeits-) Tanz (?)
(Mit einer Rüstung ist das sehr beschwerlich!) /
Together they begin to dance a (wedding) dance (?)
(That's very difficult when you wear a suite of armour!)

Schwerfällig / Ponderous

Oje! Der Ritter fällt hin! /
Oh dear! The knight tumbles
and falls!

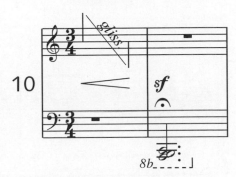

Lass die beiden einfach nochmal tanzen! Fällt er ein zweites Mal? /
Let the two of them dance again. Will he tumble and fall again?

So könnte der Tanz enden... /
This is how the dance might end...

Es ist Nacht geworden. So viel tanzen macht müde. Gute Nacht! (Spiele dieses Puzzleteil im
Krebs, d.h. von hinten nach vorne und du kannst die Sonne aufgehen lassen!) /
Night has fallen. That much dancing is tiring. Good night! (Play this piece of the puzzle in retrograde
motion, i. e. from the back to the front, and you can make the sun rise!)

*) Die einzelnen Abschittte (= Puzzleteile) können individuell zu einer musikalischen Geschichte zusammengestellt werden,
d. h., jeder kann selbst über die Reihenfolge und Auswahl der Puzzleteile entscheiden. /
The separate sections (= pieces of the puzzle) can be compiled individually into a musical story,
i. e. every player can decide him-/herself on the order and the choice of the pieces of the puzzle.

Spielerei
Playing Around / Amusement

Barbara Heller
(*1936)

♩ = 120

26 *mf*

Nach Takt 4 ad libitum zu Takt 7 springen (5-6 auslassen) / ad. lib.: Skip bars 5-6

mp

f

aus / from / de: B. Heller: Klangspuren / Sound Traces /
Traces Sonores, Schott ED 21 578

55 717

Hampelmann
Jumping Jack / Pantin

Friedrich Radermacher
(*1924)

Allegretto

27

poco rit.   *a tempo*

55 717

55 717

Polizeiauto auf Verfolgungsjagd
Police Car in Chase / Voiture de police en poursuite

Hastig und mit Spannung
Das Polizeiauto nimmt die Verfolgung auf /
In a hurry and with excitement the police car takes up the chase

Peter Wittrich

Der Verfolgte versteckt sich /
The chased person is hiding

Die Polizei hält Ausschau /
The police are on the lookout

Nochmaliges Ausschau halten /
On the lookout again

Niemand ist zu sehen /
Nobody is to be seen

Die Suche wird eingestellt /
The search is called off

Das Polizeiauto verschwindet in der Ferne - ein letzter Versuch! /
The police car disappears in the distance - one last attempt!

Der Gesuchte... / The wanted person...

... entkommen! /
... escaped.

Alternativschluss im Fall einer erfolgreichen Festnahme / Alternative ending in the case of an arrest

Niemand ist zu sehen / Nobody is to be seen

Doch... / But...

Da ist er. Hinterher! / There he is. Go after him!

Die Polizei ist schon knapp hinter ihm / The police are just behind him

Nur noch ein kurzes Stück / Just a little further

Polizei und Täter auf Augenhöhe... / Police and perpetrator at eyelevel...

... gefasst! / ... caught!

Die Spieluhr
Musical Clock / La boîte à musique

Cornelius Gurlitt

Da Capo al Fine

aus / from / de: C. Gurlitt: Der erste Vortrag / The First Performance / Les premier débuts op. 210, Schott ED 196   55 717

Mein Pferdchen
My Little Horse / Mon petit cheval

Alexander Gretchaninoff

aus / from / de: A. Gretchaninoff: Der Tag des Kindes /
A Child's Day / La journée d'un enfant op. 109,
Schott ED 1414

55 717

Das zerbrochene Spielzeug

The Broken Toy / Le jouet cassé

Alexander Gretchaninoff

aus / from / de: A. Gretchaninoff: Der Tag des Kindes /
A Child's Day / La journée d'un enfant op. 109,
Schott ED 1414

55 717

Wiegenlied für die kleine Puppe

Lullaby for the Little Doll / Berceuse de la petite poupée

Flor Peeters

aus / from / de: F. Peeters: Skizzen aus der Kinderzeit /
Sketches from Childhood / Esquisses de l'âge d'or op. 27,
Schott ED 8774

55 717

Die kranke Puppe
The Sick Doll / La poupée malade

Peter I. Tschaikowsky
(1840–1893)

aus / from / de: P. I. Tschaikowsky: Kinderalbum / Children's Album / Album pour enfants op. 39, Schott ED 8310

55 717

Der Puppe Begräbnis

The Doll's Funeral / L'enterrement de la poupée

Peter I. Tschaikowsky

aus / from / de: P. I. Tschaikowsky: Kinderalbum /
Children's Album / Album pour enfants op. 39,
Schott ED 8310

55 717

Die neue Puppe
The New Doll / La poupée nouvelle

Peter I. Tschaikowsky

aus / from / de: P. I. Tschaikowsky: Kinderalbum / Children's
Album / Album pour enfants op. 39, Schott ED 8310   55 717

Ritter vom Steckenpferd

Knigth of the Hobbyhorse / Cavalier sur le cheval de bois

Robert Schumann

aus / from / de: R. Schumann: Kinderszenen /
Scenes from Childhood / Scènes d'enfants op. 15   55 717

Drehorgel
Hurdy-Gurdy / Vielle à roue

Dimitri Schostakowitsch
(1906–1975)

aus / from / de: D. Schostakowitsch: Tanz der Puppen /
Dances of the Dolls / Danses de poupées   55 717

Tanz
Dance / Danse

Dimitri Schostakowitsch

Spielerisch, aber nicht sehr schnell

aus / from / de: D. Schostakowitsch: Tanz der Puppen /
Dances of the Dolls / Danses de poupées   55 717

The Little Negro
Le petit nègre

Claude Debussy
(1862–1918)

Jump 'n Run
(Computer Game)

Daniel Kemminer
(*1978)

40

Kinder-Walzer
Children's Waltz / Valse enfantine

Tempo di Valse

Flor Peeters

aus / from / de: F. Peeters: Skizzen aus der Kinderzeit /
Sketches from Childhood / Esquisses de l'age d'or op. 27,
Schott ED 8774   55 717

Meine Puppe spielt Soldat

My Dolls Plays Soldiers / Ma poupée joue au soldat

René Defossez
(1905–1988)

aus / from / de: R. Defossez: Die Launen meiner Puppe /
My Doll and her tricks / Les caprices de ma poupée,
Schott SF 9189

55 717

en diminant jusqu'à la fin

Großvaters Spieluhr
Grandfather's Musical Clock / La boîte à musique du grand-père

Wilhelm Rohde
(1856–1928)

Con moto

Mensch ärgere Dich nicht

Ludo / Jeu des petits chevaux

Daniel Kemminer

sichtlich entnervt
bzw. verärgert /
noticeable angry

Cluster mit der
linken Faust /
Cluster with
left fist

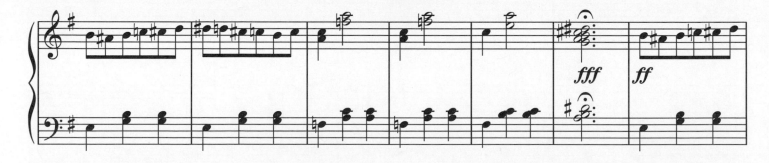

Schott Music, Mainz 55 717